FRANK MEIEREWERT
JANET LINDEMANN

Fietje

Die Abenteuer einer Mönchguter Trachtenfledermaus

D1641677

DAS GEHEIMNISVOLLE KÄSTCHEN

DAS GEHEIMNISVOLLE KÄSTCHEN

Eines Nachts schleckte Fietje in der finsteren Klosterküche ein paar Kuchenkrümel vom Backblech.

Bing-Bing-Bing-Bing-Bing.

Oje, die Glocke an der Tür bimmelte! Erschreckt hob die Fledermaus den Kopf. Wenn jetzt Bruder Martin durch den Torbogen trat und ihn beim Naschen erwischte. Schnell putzte er sich die Krümel von der Schnauze und flatterte zum Fenster. Geschickt schlüpfte er durch einen Spalt hinaus auf den Mauersims. Geschafft! Über Fietje leuchteten die Sterne – hell und klar. „Glück gehabt", seufzte Fietje und strich mit den langen Flügeln über seine braune Kutte.

Wieder erklang ungeduldiges Gebimmel. Jemand stand vor der Klosterpforte.

Wer konnte das sein?, überlegte Fietje. Wusste doch jeder, dass die Mönche bei Sonnenuntergang ins Bett gingen.

In dem hohen Backsteinbau gegenüber öffnete sich eine Tür. Fietje duckte sich. Eine dunkle Gestalt trat durch ein Tor und lief über den Klosterhof. Der Kies knirschte unter ihren Sohlen. Schnell entfernten sich die Schritte. Vorsichtig lugte Fietje über eine Mauer: Wer war das bloß mitten in der Nacht? Die geheimnisvolle Gestalt war in eine braune Kutte gehüllt und trug eine Laterne vor sich her. Obwohl die Laterne nur wenig Licht spendete, erkannte Fietje sofort Abt

Gregor, der in tiefster Dunkelheit zur Klosterpforte eilte. Gespannt flog Fietje dem Abt hinterher. Seine Flügel machten kaum ein Geräusch, fast lautlos überholte er Gregor und landete vor ihm auf der Klostermauer. Zu seiner Überraschung stand auf der anderen Seite der Mauer eine Kutsche, die von vier Rappen gezogen wurde. Ungeduldig stampften die Pferde mit ihren Hufen. Weiße Nebel umspielten ihre Nüstern. Neben dem Gespann wartete ein Fremder in einem blauen Mantel. Auf seinem Kopf trug er einen blauen Hut. Fietje bemerkte, dass er etwas in den Falten seines Gewandes versteckte: Was konnte das nur sein?

Der Abt erreichte die Klosterpforte. Er drehte den Schlüssel im Schloss herum und schob den schweren Riegel zur Seite. Fietje, der die beiden Männer unter dem Mauerbogen der Pforte nicht sehen konnte, spitzte seine Feldermausohren: Worüber reden die nur? „Sie sind spät dran", sagte Abt Gregor. „Es war schwer zu beschaffen", erwiderte der Fremde. Fietje spürte in diesem Moment einen heftigen Windstoß, der über ihm durch die Blätter der Baumkronen strich. Krawumm! Krachend fiel die Klosterpforte zu. Fietje beugte sich nach vorn. Der geheimnisvolle Fremde kletterte zurück auf den Kutschbock. Geldstücke klimperten in seiner Manteltasche. Er nahm die Zügel und schnalzte mit der Zunge. Die Peitsche ließ er über den Köpfen der Pferde kreisen. Hüa!

Was hat der Mann Abt Gregor nur gerade übergeben?, überlegte Fietje. Neugierig suchte er den Abt, der sich bereits auf dem Weg in seine Schlafkammer unter dem Dach befand. Die Laterne

war fast erloschen. Gregor trug nun einen rätselhaften Gegenstand unter dem Arm. Er sah sehr zufrieden aus. Fietje schaute ihm eine Weile hinterher. Dann sprang er auf: Ich muss das Geheimnis aufdecken. Ich, Fietje Detektivfledermaus! Jetzt nur keine Zeit verlieren, dachte er bei sich. Seine Miene hellte sich auf. Er flog von der Mauer zur Kammer des Abts und blickte sich nach allen Seiten um. Niemand zu sehen. Nun aber los! Vorsichtig stemmte sich Fietje gegen die Dachluke. Das Fenster schwang auf. Rasch schlüpfte er hinein. Die Kammer war sehr klein. Er sah einen Stuhl, einen Schrank und einen Tisch. An einer Wand hing ein Kreuz, davor stand ein Bett. Darin schlief Abt Gregor.

„Leise, leise", murmelte Fietje vor sich hin. Nur nicht den Abt wecken! Fietje rieb sich die Nase. Wonach roch es hier nur? Pfefferminzbonbons, natürlich, es duftete nach Pfefferminzbonbons! Die liebte Gregor so. Fietje hielt den Atem an. Auf dem Tisch sah er eine Schale voller Süßigkeiten, ein Buch und ein Kästchen aus rotem Holz. Was dort wohl drin ist? Lautlos landete Fietje auf der Tischplatte. Das Kästchen ist ja größer als er dachte. Puh,

6

und der Deckel war ziemlich schwer. Wenigstens war der Verschluss schon geöffnet.

Schnell schaute Fietje zum Abt hinüber. Der schlief noch immer tief und fest. Sein Schnarchen hallte so laut durch die Kammer, dass die Bonbons in der Schale hüpften. Fietje schob das schwere Buch vor das Kästchen. Dann kletterte er auf den Wälzer. Jetzt war er ein bisschen größer und hoffte, den Deckel des Kästchens leichter öffnen zu können. Wenn der doch nur nicht so schwer wäre! Fietje strengte sich furchtbar an. Er kniff die Augen zusammen, drückte mit ganzer Kraft den Deckel nach oben und blies dabei die Backen auf. Geschafft! Der Deckel hob sich, so dass Fietje einen Blick in das Kästchen werfen konnte. Was war denn das? Fietjes Augen leuchteten.

Perlen! Hunderte von Perlen! Im Mondlicht schimmerten sie in allen Farben.

„So ein wunderschöner Schatz!", staunte Fietje und setzte sich auf das Buch.

Da hörte er hinter sich das Knarren des Bettes.

Oh Schreck, das Schnarchen hatte aufgehört! Der Abt war aufgewacht! Wohin jetzt? Wenn Gregor ihn hier entdeckt, gibt es richtig Ärger. Nervös machte Fietje einen Schritt vorwärts – und fiel kopfüber in das Kästchen.

Oje, die Perlen waren so glatt, dass er hin und her rutschte. Dann klappte der Deckel mit einem leisen „Klock" über ihm zu. Fietje saß fest. Hauruck! Hauruck! Er stemmte sich mit seinen Fledermausmuskeln gegen den Deckel. Ohne Erfolg. Der Verschluss war eingerastet. Fietje lauschte in die Dunkelheit. Alles war still. Das wird Gregor nicht gefallen, dachte er. Traurig legte er seine Flügel über das Gesicht. Langsam wurde er müde. Ich werde erst mal ein wenig darüber schlafen, dachte er. Morgen ist ein neuer Tag.

Plötzlich wurde Fietje unsanft geweckt. Aua! Er war mit dem Kopf an den Deckel gestoßen. Überrascht rieb er sich die schmerzende Stelle. Das wird eine mächtige Beule geben. Halt, was war das? Alles um ihn herum schwankte!

Die Perlen wirbelten wild durch das Kästchen. Fietje, der auf ihnen lag, versuchte sich festzuhalten. Mit voller Wucht krachte er gegen eine Wand. Aua, jammerte Fietje, mein Flügel! Wellen klatschten gegen eine Bordwand. Wie bitte, Wellen? Hilfe! Ich bin auf einem Boot! Fietje tobte. Genauso hatte es sich angefühlt, als er schon einmal mit Abt Gregor bei Sturm über den Greifswalder Bodden gesegelt war.

So gut es ging, richtete er sich im Kästchen auf. Dicke Regentropfen prasselten auf das Deck. Der Wind ließ die rotbraunen Segel knallen.

Während ich geschlafen habe, hat Gregor heimlich das Kloster verlassen, überlegte Fietje. Sein Herz schlug schneller. Wahrscheinlich ist der Schatz im Kloster nicht sicher, überlegte er weiter. Warum sonst nimmt der Abt solche Strapazen auf sich und segelt bei Unwetter los?

Wohin brachte der Abt den Schatz? Vor einigen Wochen hatte er die Mönche belauscht, als sie bei einem Spaziergang über den Klosterhof flüsternd die Köpfe zusammen steckten. Sie sprachen über eine geheimnisvolle Insel in der Ostsee. Sie lag weit entfernt vom Kloster.

Wie hieß sie nur gleich? Fietje kratzte sich an der Nase. Er versuchte, sich an den Namen zu erinnern. Er hatte etwas mit dem Kloster zu tun, soviel wusste er noch. Und mit seinen Bewohnern, den Mönchen. Da fiel es ihm wieder ein. Der Name dieser rätselhaften Insel war Mönchgut. Das Gut der Mönche. Fietje hatte keine Ahnung, was ein Gut war. Aber irgendwie klang es groß und wichtig.

Fietje lauschte. Der Regen hatte nachgelassen. Das Prasseln war verstummt und die See hatte sich beruhigt. Er zuckte mit den Schultern. Was soll's? Ich werde noch früh genug erfahren, wohin die Reise geht.

Sanft schaukelte jetzt das Kästchen hin und her. Von soviel Aufregung fielen Fietjes Augen schon wieder zu. Er träumte von der geheimnisvollen Insel und wie er dort mit Gregor den Schatz vergrub.

Plötzlich fuhr ein Lichtstrahl ins Kästchen und riss Fietje aus dem Schlummer. Der Deckel des Kästchens war auf. Es wurde verdammt hell in seiner kleinen Höhle. Verschlafen blinzelte er in das erstaunte Gesicht von Abt Gregor: „Gregor!" Dieser hob fragend eine Augenbraue. Dann legte er die Stirn in Falten. Er sah gar nicht glücklich aus. Seine Lippen formten stumm: „Fietje?"

Fietje richtete sich auf und blickte sich erstaunt um. Er befand sich in einer Diele eines Lehmfachwerkhauses. Die Wände waren weiß gestrichen. Über sich sah er Holzbalken und ein Schilfdach. An den Wänden standen Truhen mit runden Deckeln. Darin lagen Leinenstoffe. Wo war er nur? Er holte tief Luft. Gerade wollte er Gregor erklären, wie er in das Kästchen geraten ist, als er einen Schrei hörte: „Hilfe! Eine Ratte! Schnell, helft mir!"

Fietje stand mitten zwischen den Perlen im Kästchen und sah sich suchend um. Er konnte nirgendwo eine Ratte entdecken. Dafür sah er eine Frau mit einer schwarzen, kegelförmigen Haube

auf dem Kopf, die zitternd auf einem Stuhl stand und mit ausgestrecktem Finger – oh! Moment mal!? – auf ihn zeigte.

„Entschuldigung, aber Sie irren sich", erwiderte er höflich. „Ich bin eine Fledermaus." Das letzte Wort flüsterte er nur noch, denn jetzt stürmten zwei weitere Frauen durch das große Dielentor. Sie trugen ebenfalls Hauben auf dem Kopf, schwarze Jacken und gestreifte Kantenröcke. Ihre Gesichter waren gerötet. Ihr Blick war entschlossen. Eine trug eine Mistgabel mit langen Zinken, während die andere über ihrem Kopf ein Nudelholz schwang. „Nein, das dürft ihr nicht", schrie Fietje. „Das dürfen sie doch nicht! Gregor!"

Der Abt sprang auf und stellte sich mit ausgebreiteten Armen schützend vor Fietje: „Stopp! Das ist Fietje, unsere Klosterfledermaus!". Er rief so laut, dass nicht einmal mehr das Klappern ihrer Holzpantinen auf dem Lehmboden zu hören war. Die Frau mit der Heugabel blieb vor Schreck stehen. Die Dame mit dem Nudelholz aber rannte bis zu dem Tisch, auf dem das rote Kästchen mit Fietje stand. Energisch ließ sie das Nudelholz in seine Richtung niedersausen. Oh nein! Blitzschnell duckte sich Fietje an die Seitenwand des Kästchens, kniff die Augen zusammen und hielt die Luft an. Gleich bin ich fledermaustot, dachte Fietje ängstlich.

Im letzten Moment fiel Abt Gregor der Frau in den Arm. Dadurch veränderte sich die Richtung des Schlages, und das Nudelholz krachte neben dem Kästchen auf die Tischplatte. KRAWUMM!

Die Wucht des Aufpralls war gewaltig. Der ganze Tisch bebte, und das Kästchen samt Fietje und den Perlen flog in die Höhe. Schließlich landete das Kästchen auf der Seite und kippte um. Fietje purzelte heraus und blieb auf dem Tisch liegen. Alle Perlen fielen zu Boden und kullerten unter Schränke, Truhen, Tisch und Stühle.

Oh nein! Was ist passiert? „Die schönen Perlen", klagte Fietje. Schnell legten die aufgebrachten Frauen Heugabel und Nudelholz zur Seite und sammelten die kostbaren Perlen auf. Auch die Dame, die sich zuerst auf den Stuhl geflüchtet hatte, half. Sie staunten und lachten. So schöne Perlen hatten sie noch nie gesehen. Kopfschüttelnd sah Gregor zu. „Fietje, Fietje! Was hast du dir nur dabei gedacht?", blickte der Abt vorwurfsvoll zu Fietje, der inzwischen ganz still auf der Tischkante saß.

„Aber… ich wollte mir doch nur den Schatz ansehen", erwiderte Fietje leise.

„Wie oft hab ich dir gesagt, du sollst nicht so neugierig sein?", fragte der Abt. „Beinahe hätte deine Neugier alles verdorben." Fietje senkte den Kopf. Nein, das hatte er nun wirklich nicht gewollt.

Als er den strafenden Blick von Gregor sah, segelte er schnell in eine offene Kammer und ließ sich traurig auf einen Dachbalken nieder. Wenigstens bin ich hier niemanden im Weg. Trotzdem hätte er zu gern gewusst, warum Gregor die Perlen zu den Frauen brachte. Sollten sie den Schatz bewachen? Mit Nudelhölzern und Mistgabeln?

„Ich muss herausfinden, was hier vor sich geht", murmelte Fietje. Gregor hatte gesagt, dass er beinahe alles verdorben hätte. Aber was genau hätte er verdorben? Die Antwort wartete sicher außerhalb dieses Hauses auf ihn. Fietje blickte vom Dachbalken aus hinunter in die Kammer. Zwei Frauen schnitten mit einer Schere lange Bahnen von einem Stoffballen. Andere legten Schablonen auf den Stoff, zeichneten Formen und Schnittmuster auf und hefteten sie mit Nadeln zusammen. Abt Gregor stand seitlich vor einer Kommode. Er sortierte die Perlen aus dem Kästchen nach ihrer Farbe und Größe zu mehreren Häufchen. Niemand wird mich hier vermissen, dachte Fietje.

Er flog unter das Schilfdach in der Diele. Hier gab es nicht viel Licht. Das war überhaupt nicht schlimm. Denn bei Dunkelheit konnte er besonders gut sehen. Um ihn herum lagen Bootspaddel und alte Fischernetze. Es war staubig. Es roch nach trockenem Schlamm. Spinnweben hingen an den Pfosten. Durch einen schmalen Spalt zwischen zwei Schilfbündeln fiel Sonnenlicht. Mühsam zwängte sich Fietje hindurch. Er war fest entschlossen, die Gegend um das Haus herum zu erkunden. Er breitete die Flügel aus und ließ sich vom Wind treiben. Er hoffte, dass niemand auf ihn acht geben würde, denn Fledermäuse fliegen ja eigentlich nur bei Dunkelheit. Doch er war überhaupt nicht müde, denn er hatte in dem Kästchen schon so viel geschlafen.

Fietje staunte. Häuser lagen zu beiden Seiten eines Sandwegs. Sie waren ebenfalls aus Lehm und die Wände weiß angepinselt. Die Fenster waren klein und mit Fensterläden versehen. Alle Häuser hatten ein Schilfdach. In den Gärten blühten Obstbäume. Erdbeeren, Möhren und Gurken wuchsen fein säuberlich in Reih und Glied. Fast wie im Klostergarten.
Fietje sah grüne, sanfte Hügel. Auf den Hängen grasten Schafe mit schwarzen Köpfen und Beinen. Er blickte auf. Und sah: Wasser! So viel Wasser!, staunte Fietje. Die Häuser waren vom Meer umgeben. Also deshalb nutzte Abt Gregor das Boot, dachte Fietje.
Was stand da am Strand?

Fietje sah ein riesiges, aufgespanntes Netz. Das war an mehreren Baumstämmen befestigt, die aus dem Sand ragten. Davor standen Männer in blau-weiß gestreiften Hemden und Pluderhosen. Emsig flickten sie zerrissene Maschen. „Die Reuse soll vor dem Fest noch einmal gestellt werden", grummelte einer von ihnen. „Es sollen viele Gäste kommen. Wir brauchen dicke Fische", ein zweiter. „Jo, jo", stimmten die anderen ein. Jetzt wusste Fietje Bescheid! Das sind Fischer. Genau so sehen die Fischer in dem dicken Buch aus, das Abt Gregor ihm zu seinem siebten Geburtstag geschenkt hat. Fietje freute sich und flog von Baumstamm zu Baumstamm. „Und mit den Reusen fangen sie den Fisch", trällerte er.

Die Bewohner wollen ein Fest feiern. So viel stand fest. Wie gern würde er dabei sein. Er war noch nie auf einem Fest. Das wird sicher ein Riesenspaß werden!
Aufgeregt flog Fietje weiter. Auch auf dem Platz neben der Kirche herrschte emsiges Treiben. Im Schatten der Backsteinmauern wurde gesägt und gehämmert. Es duftete nach Leim und frischem Holz. Die Kirche! Natürlich, jetzt wusste Fietje, wo er war. Er war auf der Insel, die Gut der Mönche genannt wurde. Die Kirche bestand aus den gleichen roten Steinen wie das Kloster.

Fietje wollte gerade am Fuß des Kirchturmes landen, als er eine vertraute Stimme hörte. „Was für ein wunderschöner Tanzboden, Tischler Lars", hörte er Abt Gregor sagen. „Der richtige Platz, um die neuen Trachten einzuweihen." Was Lars dem Abt antwortete, hörte Fietje nicht mehr. So schnell er konnte, flog er davon. Er wollte vermeiden, dass Gregor ihn sah. Jetzt wusste er, wofür die Frauen all den Stoff zugeschnitten hatten. Jeder auf der Insel sollte eine Tracht bekommen, festliche Kleidung, damit jeder sehen konnte, dass dieser Mensch vom Gut der Mönche stammte.

Aber wie sollte die Tracht aussehen? Fietje war ratlos. Er kannte nur die schlichten, braunen Mönchskutten, welche die Brüder im Kloster trugen. Das waren schmucklose Kleidungsstücke mit einer Kordel um den Leib. Fietje ließ sich auf ein Schilfdach nieder und träumte.

„Dat du min Leevsten büst!", schallte ein Lied aus einem geöffneten Fenster.
Fietje flog in die Höhe, ging dann aber sofort wieder in den Sinkflug über. Er glitt durch das Fenster in eine Küche, umkurvte geschickt einen Blumentopf und kam auf einer Fensterbank zum Stehen. Am Esstisch saßen zwei Dorfbewohner und spielten Akkordeon. So ein Musikinstrument hatte er schon einmal bei Bruder Martin gesehen. Die beiden hier spielten viel lustigere Melodien. Dazu tanzten einige Kinder Ringelreihen und

hielten sich lachend an den Händen. Ein Mädchen mit langen Zöpfen entdeckte Fietje am Fenster und winkte fröhlich. Fietje winkte zurück.

Eigentlich wollte er ja noch ein wenig zuhören. Doch plötzlich stieg ein verlockender Kuchenduft in seine Nase, und er konnte sich nicht mehr konzentrieren. Kuchen! Warmer Kuchen! Wie köstlich! Fietje lief das Wasser in der Schnauze zusammen.

Ein Inselbewohner mit Bäckermütze holte ein großes Blech Kuchen aus dem heißen Ofen und schob es in ein Gestell. Das rollte er vor das Haus. Dort konnten die süßen Leckereien besser abkühlen.

Wie das duftete! Fietje flatterte wieder hinaus ins Freie und tauchte seitlich des Gestells im hohen Gras unter. Von seinem Versteck aus, konnte er auf die Kuchenbleche schauen. Frischer Bienenstich! Sein Lieblingskuchen! Er schlich näher heran. Wenn er sich auf die Zehenspitzen stellte, konnte er bestimmt den untersten Kuchen erreichen. Eifrig hangelte er mit seinen Flügeln nach der knusprigen Kruste. Der Rand des Kuchens quoll über das Blech. Da hörte er hinter seinem Rücken ein böses Fauchen. So ein Mist! Er war schon so nah am Kuchen. Fietje dreht sich erstaunt um.

Sein Blick fiel auf einen dicken, unfreundlichen, roten Kater.

Seine Schwanzspitze zuckte gefährlich hin und her. Die grünen Augen funkelten böse. „Hey, du Ratte! Lass deine Pfoten von meinem Kuchen!", knurrte das Katertier. Fietje legte die Flügel in die

Seite und antwortete mutig: „Wieso ist das dein Kuchenblech? Ich war zuerst hier!" So ein Kater ist nicht ungefährlich. Das wusste Fietje. Und wenn er ehrlich war, richtete sich gerade vor Entsetzen jedes Haar in seinem Fell auf. „Warum denken eigentlich alle, ich wäre eine Ratte?" fragte Fietje gereizt. Erst die Frau, jetzt dieser Kater. „Habt ihr noch nie eine Fledermaus gesehen?"
Der Kater blickte Fietje nur finster an und leckte sich das Maul. Bloß weg hier, dachte Fietje und sah sich nach einem Fluchtweg um. Aber unmittelbar neben ihm stand das Kuchengestell. Und vor ihm saß dieser rote Räuber mit den Schnurrhaaren.

Der setzte gerade zum Sprung an! Fietje blieb nur der Weg durch die Luft. Kurzerhand spannte er die Flügel auf und erhob sich mit einem einzigen gewaltigen Flügelschlag. Der Kater kam mit einem riesigen Satz auf ihn zu und wollte ihn mit der Pfote zu Boden drücken. Zu spät, freute sich Fietje und streckte ihm die Zunge raus. Geschickt wich er den scharfen Krallen aus, die haarscharf an ihm vorbei durch die Luft zischten. Rasch gewann Fietje an Höhe. Der Kater dagegen konnte nicht mehr bremsen und knallte mit der Stirn gegen das Kuchengestell. Plautz! Er sah Sterne und schüttelte dann wütend seinen Kopf. Er drohte Fietje mit der Pfote. Doch der war schon längst über alle Berge.

Gong! Gong! Von der nahen Kirchturmuhr schlug es die sechste Stunde. Überall auf der Insel verstummten die Arbeitsgeräusche. Tischler Lars sammelte Säge und Schrauben ein und ging nach Hause. Ich muss zurückzukehren, dachte Fietje. Er steuerte den schmalen Spalt im Schilfdach an. Auch die Frauen hatten ihr Tagwerk beendet. Niemand war mehr in der Kammer. Dafür lagen jetzt ordentlich zugeschnittene Stoffteile. Daraus sollten später Hosen, Röcke, Westen, Blusen und Kappen werden. Alles war in bester Ordnung.

Wirklich alles? Fietje stutzte. Auf dem Tisch lagen zwei Zeichnungen, die vorher noch nicht da waren. Auf einer war eine Frau abgebildet, auf der anderen ein Mann. Und beide trugen eine Tracht! Fietje pfiff anerkennend. Das Kleid der Frau war vorn auf der Brust mit wunderschönen Perlen verziert. Er stellte sich vor, wie schön die Menschen in der neuen Tracht aussehen würden, und wie stolz sie damit über das Gut gehen gingen. Sicher würden sie die Trachten auch an ihre Kinder weitergeben. So kostbar wie sie waren.
Aber halt!! War da etwas? Er schaute zum Fenster. Ein Unbekannter drückte sich von außen die große Nase an der Scheibe breit. Dabei hingen ihm die zotteligen Haare wild ins Gesicht. Fietje erkannte eine Narbe auf seiner linken Wange. Warum schaute der Mann so grimmig? Sein stechender Blick durchsuchte das Zimmer. Fietje duckte sich schnell und flog auf einen Dachbalken. Dort oben war er sicher. Der Mann kam ihm unheimlich vor. Vielleicht suchte er auch nur jemandem?, dachte Fietje. Zum Glück ist das Fenster fest verschlossen.

Alle schliefen. Nur Fietje war wach. Er dachte an das Fest, an singende Kinder und an Bienenstich. Vom Dachbalken aus fiel sein Blick auf die Zeichnungen. Ein bisschen neidisch war er auf die Menschen schon. Warum durften sie so schöne Kleidung tragen? Er würde immer eine graue Fledermaus sein. Fietje wurde plötzlich sehr traurig.

Was war das? Fietje spitzte die Ohren. Schlich dort etwa jemand ums Haus? Fietje rührte sich nicht und lauschte angestrengt. Zzzzz. Da schnarchte doch jemand? Er flog in eine Stube mit winzigen Fenstern und sah Abt Gregor in einem braunen Bett liegen. Seine Hände lagen auf dem Bauch. Er lächelte im Schlaf. Neben ihm stand ein Tisch, davor ein Stuhl, auf dem sich das rote Perlenkästchen befand. Fietje schmunzelte und entspannte sich wieder.

Er flog auf seinen geliebten Dachbalken unter dem Schilfdach und träumte. Er stellte sich vor, wie er mit einer schmucken Tracht am Strand entlang spazierte. Er würde wie alle Männer eine weiße, rockähnliche Hose tragen, die auf dieser Insel Schüddeldebüx genannt wird. Ein lustiges Wort für ein Kleidungsstück, kicherte Fietje. Natürlich würde er auch eine schwarze Weste und ein weißes Hemd anziehen und ein farbiges Tuch um den Hals binden.

Da knarrte doch etwas? Fietje zuckte zusammen. Sein Herz raste. Das Geräusch kam von der Tür. Der Türknauf drehte sich. Fietje sprang auf und versteckte sich hinter einem Mauervorsprung in

der Diele. Die Tür ging auf. Fietje hielt die Luft an.

Zuerst sah er nur einen großen, schwarzen Schuh. Dann kam die Gestalt herein. Groß, massig, mürrisch brummend. Fietje verstand von all dem, was sie sagte, nichts. Schnurstracks ging die Gestalt auf das rote Kästchen zu. Ein dicker Zeigefinger tippte auf die Perlen. Ein Dieb! Fietje war sich ganz sicher. Der Mond trat kurz zwischen den dichten Wolken hervor. Sein fahles Licht fiel durch die Fenster auf das Gesicht des großen Unbekannten. Sofort erkannte Fietje die Narbe und das böse Grinsen. Der Mann vom Fenster! Jetzt gab es keinen Zweifel mehr. Der Dieb packte das Kästchen und verschwand so schnell, wie er gekommen war, durch das Tor hinaus in die Dunkelheit.

Fietje war fassungslos. Die Perlen waren weg! Was wird jetzt aus den Trachten? Und dem Fest und all den Vorbereitungen? Er musste etwas unternehmen. Und zwar schnell! Was sollte er zuerst tun? Den Abt wecken? Nein! Zuerst würde er den bösen Kerl verfolgen und dann Hilfe holen.

Fietje flatterte durch das offene Tor und folgte der Gestalt in die Dunkelheit. Um diese Zeit war es im Dorf stockfinster. Der Mond hatte sich hinter einer Wolke verkrochen. Zum Glück konnte Fietje jetzt besonders gut sehen. Ich bin eine Fledermaus, dachte er. Deswegen kann ich in der Finsternis Umrisse und Gegenstände erkennen, die kein Mensch sehen kann. Im Kloster passiert es nicht selten, dass ein Mönch in der Dunkelheit über eine Schwelle stolpert oder gegen ein Hindernis läuft, erinnerte er sich. Ihm war so etwas noch nie passiert.

Aber wo ist der Dieb hin? Fietje reckte den Kopf. Da ist er ja! In der Ferne sah er ihn: Er ließ das letzte Haus hinter sich. Nun hastete er auf dem Sandweg weiter in Richtung Dünen und Strand. Fietje flatterte hinterher. Obwohl er durch die Luft flog, achtete er darauf, genügend Abstand zum Einbrecher zu halten. Denn zwischendurch blieb der Kerl einfach stehen, wandte sich blitzschnell um, als wenn er einen Verfolger ahnte, und lauschte. Erst wenn er sich sicher war, dass ihm niemand folgte, eilte er weiter. Ha, da hatte er sich aber getäuscht!

Wenig später endete der Sandweg neben einer alten Kiefer. Von dort aus gab es nur noch einen schmalen Trampelpfad, der sich zwischen den Dünen hindurchschlängelte. Für Fietje wurde es zunehmend schwerer, dem Dieb hinterher zu flattern. Nur noch selten tauchte der Kopf des Mannes zwischen den Dünenkämmen und dem Strandhafer auf. Was ist, wenn er ihn aus den Augen verliert? Er musste näher an ihn heran! Fietje erhöhte das Tempo und flog jetzt direkt den Trampelpfad entlang. Zuerst nach links, dann geradeaus. Zu beiden Seiten türmten sich die Dünen. Sand rutschte herab.

Wieder eine Biegung. Diesmal nach rechts. Wo ist der Kerl mit dem Kästchen hin? Fietje sah sich um. Hat er sich in Luft aufgelöst? Fietje schlug erschreckt mit den Flügeln. Nanu, was ist denn das? Plötzlich, wie aus dem Nichts, stand er vor einer Bretterwand. Die gehörte zu einer windschiefen Hütte. Durch die Ritzen drang Licht. Fietje schlich näher heran. Da, ein Astloch! Er lugte ins Innere der Hütte und hielt den Atem an. Da, das Kästchen, geöffnet auf einem umgestülpten Weidenkorb! Der Dieb saß auf einem Hocker davor. Er grinste. Nacheinander nahm er die Perlen heraus. Gierig betrachtete er sie im flackernden Kerzenlicht. „Die werden mir auf dem Markt einen guten Taler bringen", brummte der Mann und nahm einen kräftigen Schluck aus einer Schnapsflasche. Mit seinem schmutzigen Hemdsärmel wischte er sich Tropfen vom Mund und rülpste. Fietje schüttelte sich. Er hatte genug gesehen. Höchste Zeit den Abt zu wecken. Gregor wusste immer, was zu tun war. Leise flog er davon.

Als Fietje in das Lehmhaus mit dem Schilfdach zurückkehrte, schlief Georg noch immer tief und fest. Darauf konnte Fietje jetzt keine Rücksicht nehmen. Zu allem entschlossen, hüpfte er auf die Bettdecke und kniff den Abt kräftig in die dicke Nase. Aua! Das musste Gregor merken.

„Aufwachen, Gregor! Sofort!" Fietje zog ihn fest am Ohr. Gregor grunzte nur und wedelte mit der Hand, als wollte er eine Fliege verscheuchen. „Gregor!!!", brüllte Fietje. „Hör auf damit! Was soll das?", winkte der Abt und drehte sich um. Fietje ließ nicht locker. Er zwickte Gregor abwechselnd in die Nase und zog ihn an den Haaren. Der Abt setzt sich wütend auf und rief mürrisch: „FIETJE!" Fietje flog auf das Ende des Bettgestells und deutete auf den Stuhl. „Die Perlen! Sie sind weg! Sie wurden gestohlen!", rief er Gregor zu. „Gestohlen?" Der Abt sprang aus dem Bett und raufte sich die Haare. Nein, das konnte nicht sein! Hatte er wirklich so tief geschlafen? Und wie sollte jemand ins Zimmer gelangt sein? Das Tor war doch fest verschlossen! Was für eine Katastrophe! Es hatte Wochen gedauert, die Perlen zu besorgen. Wo sollte er so schnell Ersatz herbekommen? Und was sollte er den Inselbewohnern sagen?

„Wer macht so etwas?", fragte Gregor zerknirscht. Ratlos sah er Fietje an und schüttelte den Kopf. Fietje zuckte mit den Schultern: „Ich kenne den Kerl nicht. Doch ich weiß, wo er wohnt." „Willst du mir damit sagen, du weißt, wer sie gestohlen hat?", fragte Gregor ungläubig.

Klar wusste Fietje, wer die Perlen geklaut hatte. Schließlich war er die ganze Nacht wach. Fietje nickte. Jetzt nur keine Zeit verlieren! Der Abt zog sich hastig an. „Wir gehen nicht allein. Flieg du schon mal zum Inselpolizisten, Fietje. Der soll uns begleiten."

Fietje flog so schnell er konnte zum Haus des Polizisten. Der Wachmann sorgte schon seit vielen Jahren auf der Insel für Ordnung. Sicher würde er auch diesmal helfen können. Fietje klopfte wild mit seinen Flügeln an der Haustür des Polizisten. Der öffnete im gestreiften Schlafanzug und schaute verdutzt. Eine Fledermaus? Um diese Zeit? Da kam auch schon der Abt um die Ecke. „Ein Dieb! Ein Dieb! Die kostbaren Perlen wurden gestohlen. Fietje hat alles beobachtet", rief Gregor aufgeregt. Der Inselpolizist schluckte. „Was? Das ist ja fürchterlich! Lasst uns keine Zeit verlieren! Wir müssen ihn aufspüren", befahl er, schlüpfte in seine grüne Uniform und fragte Fietje, wo der Bösewicht zu finden sei. „Dort, dort entlang!" Fietje hatte sich den Weg gut eingeprägt. Zuerst den Sandweg entlang und dann über den Trampelpfad. Der Mond schien in diesem Augenblick besonders hell. Es kam Fietje fast so vor, als würde er wissen, dass sie einem Dieb auf der Spur waren. Bald standen die Drei vor der windschiefen Hütte. Der Polizist kannte sie und auch seinen Bewohner. „Schmuggler Hein also", brummte er. „Das hätte ich mir denken können." Schon öfter saß der zottelige Bösewicht wegen Diebstahls im Gefängnis. Einmal hatte er die Kasse von Kaufmann Karl geplündert, ein weiteres Mal stibitzte er Aal aus einer Reuse. Der Polizist legte den Zeigefinger auf seine Lippen: „Ruhe jetzt!"

Er schlich zur Türschwelle. Sein mächtiger Schnauzbart zitterte bei jedem Schritt.

Der Wachmann erreichte die Tür. Mit einem kräftigen Ruck riss er den Verschlag auf und stürmte hinein. Fietje spitzte die Ohren. „Warum höre ich nichts?", flüsterte er Gregor zu. In der Hütte blieb es still. Fietje wartete nicht gern: „Warum dauert das nur so lange?" Der Abt und Fietje warteten ungeduldig auf die Rückkehr des Polizisten. Hoffentlich besaß der Schmuggler die Perlen noch. Oder hatte er sie schon weiterverkauft?

„Da ist er!", freute sich Fietje, als er den Wachmann im Türrahmen erblickte. In den Händen hielt er das Kästchen. „Gott sei Dank!", flüsterte der Abt. Er ging auf den Polizisten zu und schaute hinein. Alle Perlen waren noch da. Puh! Erleichtert zwinkerte Gregor Fietje zu: „Ich danke dir, mein kleiner Held." Fietje schmunzelte.

„Das stimmt! Du bist eine mutige, kleine Fledermaus", streichelte der Polizist Fietje über seine Haare. Fietjes Augen leuchteten. Ich bin eben doch eine echte Detektivfledermaus, dachte er.

„Ich kümmere mich jetzt mal um Hein", knuffte der Wachmann Gregor in die Seite. „Der liegt betrunken in seiner Koje. Hat wohl zu viel Schnaps getrunken." Der Abt lachte. Zum Abschied schüttelte er dem Polizisten die Hand: „Danke! Und bis später!" Auf dem Rückweg überlegte Fietje, wie erstaunt Schmuggler Hein sein musste. Denn statt der Beute stand beim Aufwachen nun der Dorfpolizist an seinem Bett.

Als der neue Tag anbrach, versammelten sich alle Frauen am Tisch in der Kammer. Sie nähten Trachten. Dabei lachten und sangen sie. Jetzt sah Fietje auch, was mit den Perlen geschah. Eine nach der anderen wurde kunstvoll am Brustlatz angenäht. Zauberhaft funkelten die Perlen im Sonnenlicht. Wenn die wüssten, dachte Fietje. Niemand von ihnen ahnte, dass die Perlen fast verloren gegangen wären. Da kam der Wachmann durch die Tür. Er setzte sich zu den Frauen und erzählte den Näherinnen vom nächtlichen Diebstahl. „Es ist vor allem dem Mut der kleinen Dedektivfledermaus Fietje zu verdanken, dass ihr die Perlen wiederhabt", beendete der Wachmann seinen Bericht.

Plötzlich wurde es ganz still im Raum. Die Frauen staunten und waren sehr beeindruckt. Dabei nähten sie ruhig weiter. Überhaupt waren die Mönchguter ein ganz fleißiges Völkchen. Oft webten die Frauen bis in den späten Abend aus Wolle

und Flachs Stoffe für Röcke, Jacken und Hosen oder strickten aus roher und gefärbter Schafwolle Handschuhe, Strümpfe und Pottmützen. Die Männer aber knüpften im Schein der Leinöllampe ihre Hanf-, Flachs- oder Baumwollnetze.

Als die Männer vom Fischen nach Hause kamen, erzählten die Frauen von Fietje und seinem mutigen Einsatz. „Wie können wir dem kleinen Kerl nur danken?", fragte die Dame, die beim ersten Zusammentreffen mit der Mistgabel auf ihn zugelaufen ist. Hätte sie doch damals gewusst, was für eine mutige Fledermaus Fietje ist! Als sie von dem Mut der kleinen Fledermaus hörte, wäre sie am liebsten im Lehmboden versunken. Die Frauen und Männer steckten die Köpfe zusammen und überlegten, wie sie sich bei Fietje bedanken konnten.

Fietje bekam von alledem nichts mit. Er war so schrecklich müde von der aufregenden Jagd nach dem Perlendieb und schlief kopfüber in der Mauernische über dem Dachbalken. Seine Flügel hatte er zusammengeklappt.
Als der Tag kam, auf den alle so lange hingearbeitet hatten, versammelten sich die Inselbewohner an einem langen Tisch an der Kirche. Auf diesem standen getrocknete Heringe, eine Spezialität der Mönchguter, Brot aus dem Holzbackofen und warmer Bienenstich. Blumengirlanden schmückten den Platz, und Akkordeonmusik erfüllte die Luft. Jeder Bewohner trug eine Tracht. Nur der Polizist kam – wie immer – in seiner Uniform.

Am Nachmittag erschien der Abt mit Fietje auf der Schulter. Die Musik verstummte, und der Bürgermeister erhob sich: „Wir freuen uns sehr, dass Abt Gregor und Fietje auf unserem Ernte- und Dankesfest unsere Gäste sind." Alle applaudierten.

„Von unseren Freunden aus dem Kloster erhielten wir Perlen für neue Trachten. Doch dann passierte etwas Furchtbares. Schmuggler Hein hatte sie gestohlen. Aber dank Fietje erhielten wir sie wieder zurück." Der Applaus wurde kräftiger. Männer pfiffen und stampften. Frauen nickten sich zu. Kinder hielten sich an den Händen und tanzten. So groß war die Freude bei allen. „Als Dankeschön für die Perlen bekommt das Kloster vier Fässer Heringe und einige Bernsteine. Mögen sich die Mönche den Fisch schmecken lassen und genauso viel Freude am Fisch haben, wie wir an unseren Trachten", sprach das Inseloberhaupt.

„Und was bekommt Fietje?", fragte ein kleines Mädchen mit langen, blonden Zöpfen.

Fietjes Augen wurden ganz groß. Er sollte auch ein Geschenk bekommen?

Der Bürgermeister gab Tischler Lars ein Zeichen und ging auf Fietje zu.

Da standen das Inseloberhaupt, Tischler Lars und seine Frau vor Fietje. Naja, eigentlich vor Abt Gregor. Denn Fietje saß ja noch immer auf seiner Schulter.

„Das ist Lars, unser Tischler", sprach der Insel-
chef mit tiefer Stimme. „Und das ist Martha, seine
Frau." Fietje zuckte kurz zusammen.
Die Dame kannte er doch? Vor ihm stand die Frau,
die mit dem Nudelholz nach ihm geschlagen hatte.
Sie lächelte ihn an und hielt ihm freundschaftlich
die Hand hin. Es tat ihr leid. Das spürte Fietje. Fietje
lächelte zurück und gab ihr seinen rechten Flügel.
„Fietje", begann Lars zu sprechen. „Wir möchten
dir dieses Bett hier schenken, damit du es
immer bequem hast." Hinter seinem Rücken
holte er ein blaues Holzbett hervor und hielt es
Fietje vor die Schnauze. Sogar ein Kopfkissen
und eine Zudecke waren dabei. Fietje staunte.
„Danke schön", flüsterte er und verbeugte sich
gerührt. Dann sprach Martha: „Und wir haben
noch etwas extra nur für dich hergestellt."
Ah und Oh!, hallte es über den festlich ge-
schmückten Platz. Martha zog aus ihrer

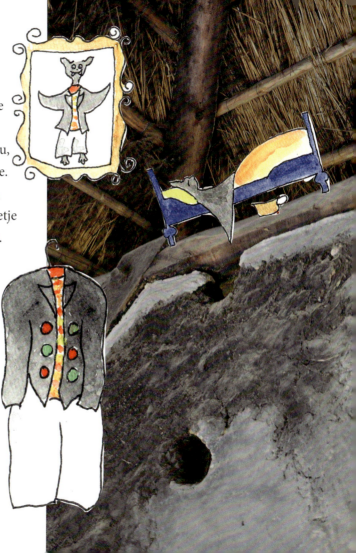

43

Rockfalte eine Minitracht hervor. „Die sieht ja genau so aus wie eine Männertracht. Nur viel, viel kleiner", flüsterte Fietje Abt Gregor ins Ohr. „Und sie hat genauso schöne Perlen." Fietje wurde ganz rot im Gesicht. Eine Tracht – extra für ihn? Sogar ein rotes Halstuch war dabei. „So schöne Geschenke!", freute er sich. Dann kam vor Aufregung kein Ton mehr über seine Lippen. Er wischte sich verlegen mit einem Flügel ein Tränchen aus seinem rechten Augenwinkel.

Das Mädchen mit den langen, blonden Zöpfen drängte sich zwischen Martha und Tischler Lars neugierig nach vorne. „Fietje, du musst die Tracht anziehen", forderte sie ihn auf. Was hier? Und vor all den Leuten? Fietje schluckte. Alle schauten ihn an. „Los Fietje, trau dich!", flüsterte Tischler Lars in Fietjes Ohr. „Martha hat die Tracht bis in die Nacht genäht. Nur für dich!" „Okay, ich ziehe sie an. Sie sieht wirklich wunderschön aus."

Fietje nahm seinen ganzen Mut zusammen und zog die Tracht an. Erst schlüpfte er in das rot-weiß gestreifte Hemd, dann in die weiße, weite Leinenhose und später in die schwarze Wolljacke. Martha band ihm das rote Halstuch um. Begeistert strich Fietje über den feinen Wollstoff. „Ist die Jacke kuschelig", freute er sich. „Und dazu die bunten Perlen." Die Hemdsärmel hatten die Frauen so genäht, dass er sogar darin fliegen konnte. Fietje flatterte mit den Flügeln. „Und wie sehe ich aus?", fragte er Abt Gregor. Der nickte zufrieden. Alle Inselbewohner klatschten. „Fietje! Fietje!", riefen sie im Chor. „Unser Fietje!", rief das Mädchen. „Jetzt ist er eine richtige Mönchguter Trachtenfledermaus."

„Herr Bürgermeister! Herr Bürgermeister!" Die Kleine zog den Bürgermeister am Hosenbein. „Kann Fietje nicht bei uns bleiben? Bitte! Bitte!" Ihr Blick wanderte zwischen dem Abt und dem Dorfoberhaupt hin und her. „Das kann ich dir nicht sagen", erwiderte der Bürgermeister bestimmt. „Da musst du Fietje schon selbst fragen." Das Mädchen zog Fietje am Flügel: „Und Fietje? Bleibst du? Du bleibst doch, oder?" „Äh, ich …" Mehr konnte Fietje nicht sagen. Da kullerten auch schon dicke Fledermausfreudentränen aus seinen Augen. So glücklich war er. Er mochte die Menschen auf der Insel sehr. Und köstlichen Bienenstich gab es hier auch.

„Äh, natürlich würde ich gern eine Weile hierbleiben. Aber…", schaute er Gregor fragend an, „geht das denn?" Der Abt schmunzelte: „Na klar. Ich bin ja froh, dass du mich eine Weile lang nachts in Ruhe lässt. Meine Nase juckt immer noch. Und meine Ohren sind bestimmt drei Meter länger von deinem Ziehen." Da lachten alle Bewohner. Noch bis zu den Kreidefelsen, so wird es erzählt, soll man die fröhlichen Mönchguter gehört haben.

ÜBER UNS

Frank Meierewert

Frank Meierewert, Jahrgang 1967, ist gelernter Tourismuskaufmann und promovierter Ethnologe. Der gebürtige Brandenburger lebt seit mehr als sieben Jahren auf Rügen und arbeitet als stellvertretender Tourismusdirektor im Ostseebad Baabe. Bekannt ist er als Autor von Sachbüchern. Mit dem vorliegenden Band wendet er sich einem neuen Genre zu.

Janet Lindemann

Janet Lindemann wurde als 1234. Baby im Jahr 1977 in Bergen auf Rügen geboren. Schon als Kind hat sie gerne Geschichten geschrieben und gemalt. Glücklicherweise darf sie heute alles das, was sie gerne macht, beruflich ausleben. Seit 2004 arbeitet sie als Freie Journalistin und Autorin, spielt Theater und gestaltet Kinderprogramme. Im Januar 2015 hat die Mutter von drei Kindern den Inselkinder Verlag gegründet.

ISBN 978-3-9817217-2-0
© INSELKINDER VERLAG RÜGEN
1. Auflage 2016
Text: Frank Meierewert
Fotos und Zeichnungen: Janet Lindemann
Gestaltung: Heike Unger, Berlin
Druck: Grafisches Centrum Cuno, Calbe
Printed in Germany
www.inselkinder-verlag.de